C. LOMBROSO

LES CONQUÊTES RÉCENTES

DE LA

PSYCHIATRIE

159.82.

CONFÉRENCE

lue à l'Assemblée générale du Congrès international de Médecine

de Moscou

TURIN

BOCCA FRÈRES

LIBRAIRES DE S. M.

—

ROME - MILAN - FLORENCE

1898.

LES CONQUÊTES RÉCENTES DE LA PSYCHIATRIE

1. — Il est un argument qui attire l'attention si ce n'est la sympathie générale: c'est celui des conquêtes récentes de la psychiatrie.

Oui! Cette science, l'humble servante déjà, le Cendrillon des disciplines médicales, s'est infiltrée dans tant de branches des connaissances, que bien peu peuvent l'égaler par l'abus d'intromission. Elle a donné à la médecine toute une nouvelle et parfaite classification de l'hystérie, elle a élargi le cercle de l'épilepsie, révélé la pathogénie de la pellagre, de l'alcoolisme, de l'ergotisme, et découvert dans le crétinisme, le goître et le mixoedème, toute une chaîne de dégénérescences aussi étendues qu'ignorées, en fournissant les moyens de les prévenir et quelque fois de les guérir. Elle ouvrit à la littérature, avec Daudet, Zola, Ibsen, Claretie, Dostoyewsky, Tolstoï, un champ fécond, où, pour la première fois l'estète s'alliait au savant; elle expliqua aux psychologues et aux historiens la formation du saint, du génie, et des nombreux fanatismes épidémiques; et de même qu'elle révéla jadis à l'homme d'État et au juriste que les possédés et les sorcières, qu'ils punissaient avec les flammes et les supplices, étaient de pauvres hystériques, elle essaie maintenant de démontrer que beaucoup de prétendus coupables ne sont que des malades qu'il faut soigner et séquestrer au lieu de punir.

Nouveau Prométhée, elle essaie enfin de ravir un secret, qui semblait à jamais, devoir être nié aux humains, celui de la nature de la pensée.

Ne nous étonnons donc pas, si plusieurs critiques murmurent de temps en temps: « *Défiez-vous de ces aliénistes qui bouleversent et envahissent notre domaine!* ». Ceux-ci, il est vrai, pourraient à leur tour leur répondre : « Et qu'importe si nous appliquons à l'éclaircissement de faits que l'on ne comprenait pas, ou mal, auparavant, une science déduite entièrement des faits eux-mêmes ? Qui se plaint, aujourd'hui, de l'introduction de la chimie, de la mécanique dans les rouages de notre vie, à moins que ce ne soit des ennemis de tout mouvement civilisateur ? Qui ne rappelle, avec joie, les nouvelles lumières apportées par le Darwinisme à la linguistique, par la géologie à l'histoire ancienne?

Ne dirait-on pas, au contraire, que de ces alliances, comme du croisement des races moins homogènes, ont surgi des fruits plus robustes et meilleurs? Mais il vaut mieux leur répondre: « Si nous envahissons, c'est que nous sommes forts ». Ce ne serait pas exagérer; car nous nous sommes préparés aux nouvelles conquêtes, en nous dépouillant de toute tendance apriori-stique, en nous cuirassant avec l'anatomie embriologique et pa-thologique, avec la fine histologie des centres nerveux, avec les études expérimentales des centres corticaux et les observations hypnotiques et psychologiques, même avec l'ethnologie et la philologie. Et s'il est vrai que nous nous jetâmes impatients dans les sentiers d'autrui, nous y fûmes entraînés par la force de gravité des recherches antérieures.

Il est bien de voir comment cela est arrivé.

Quelques aliénistes qui avaient aspiré à pleins poumons l'at-mosphère de l'expérimentalisme clinique, comprirent combien peu appropriées étaient les vieilles méthodes, tenues trop souvent en honneur en psychiatrie ; il comprirent que là, comme dans la clinique, ils devaient étudier bien plus le malade que la maladie; rechercher dans le malade les altérations corporelles et fonctionnelles, autant et même plus que les altérations psychiques. De là nacquit une nouvelle science psychiatrique expérimentale, qui, quelque combattue qu'elle fut tout d'abord, par les éternels adversaires de toute innovation, finit par être accueillie de partout. Forts de leurs premiers succès, ils persévérèrent dans la voie jusqu'alors suivie, espérant y découvrir des lignes fixes qui leur permissent de distinguer le fou du criminel : ces lignes, il est vrai, ils ne les trouvèrent pas ; et même, celles qui tout d'abord leur avaient paru plus claires, disparurent ; mais, à leur place, ils découvrirent une nouvelle méthode pour les études criminologiques ; on entrevit, alors, qu'à la recherche aprioristique, faite abstraitement sur le crime, on devait préférer l'étude analytique directe des criminels, confrontés aux hommes normaux et aux aliénés.

Cette synthèse que de puissants génies réussissaient souvent à créer d'un bond, mais non toutefois sans périls, car le génie est toujours un homme et un homme sujet plus que tout autre à errer, ils la déduisirent peu à peu de l'examen du sauvage, de l'idiot et de l'enfant ; ce qui ramenant les problèmes pénaux à leur plus simple expression, en facilitait la solution. C'est ainsi qu'on arriva à la création du type criminel, et de l'élément épileptique des dégénérescences géniales et criminelles.

Mais ces tentatives seraient restées stériles et vaines, si une phalange compacte de savants, parmi lesquels la Russie compte certainement les meilleurs, et je nomme Mirjesky, Tchich, Drill, Kowalewski, Kurella, Ottolenghi, Ferri, Garofalo, Du-Hamel, Pelmann, Winkler et M.me Dr Tarnowski, n'en eût fécondé le germe en en corrigeant les conclusions plus exagérées et plus unilatérales. Ils comprirent qu'il n'y avait pas une seule, mais de nombreuses espèces de délinquants, et que si quelques-unes étaient irrémédiablement condamnées à la perdition, dans d'autres, au contraire, le délit n'était qu'un court météore, déterminé par l'occasion, la passion ou la maladie. Ils se demandèrent, alors, s'il ne serait pas plus juste d'adapter les lois aux faits que de fausser les faits pour les adapter aux lois; et cela pour ne pas troubler la sereine tranquillité de ceux auxquels il ne plaisait pas de s'occuper de cettes nouvelles branches scientifiques.

C'est pour cela qu'abandonnant ces formules abstraites, après lesquelles de sublimes génies s'épuisaient stérilement, comme le voyageur altéré aux mirages trompeurs du désert, ils conclurent que la peine devait diminuer d'autant en infamie et en rigueur, qu'elle devait augmenter en durée et en garantie sociale; ils remplacèrent, en somme, la dureté de la peine par la continuité du séquestre: et ayant reconnu que dans certains cas l'aliéniste ne pouvait distinguer le criminel du fou moral, ils proposèrent pour celui-ci un établissement intermédiaire, dans lequel la pitié ne pourrait diminuer la sécurité. Ils donnèrent en même temps plus d'importance à ces mesures qui tendent à prévenir les crimes en remontant à leur source, tel que le divorce contre la tendance à l'adultère, les lois sur l'alcoolisme pour prévenir les blessures, celles sur les associations enfantines, sur l'enfance abandonnée, etc., contre les impulsions au vol et au vagabondage: ils préconisèrent surtout ces mesures trop oubliées qui tendent à indemniser les victimes au dépens des coupables. De la sorte, la société qui a souffert pour leur crime, souffert et dépensé pour leur condamnation, ne serait pas tenue de souffrir et dépenser encore pour leur détention; et tout cela en hommage à un principe théorique auquel personne désormais ne croie plus: suivant lequel la prison serait une espèce de nouveau baptême qui effacerait toutes les fautes.

Ces recherches n'étaient pas encore terminées, que déjà on pouvait en pressentir les fruits. Non pas que ces prétendus rebelles voulussent bouleverser tout le système pénal: non assurément; car, eux, qui déploraient l'éternelle manie des peuples latins de faire et défaire des lois, n'aboutissante qu'à la défiance et à l'indiscipline, savaient fort bien que les mutations les plus rationnelles elles-mêmes deviennent nuisibles si elles sont inopinées; ils savaient que tant qu'une idée ne s'est pas infiltrée dans notre chair, elle reste lettre morte alors même qu'elle nous est imposée sous forme de loi. C'est pour cela que, bien loin d'encourager les changements radicaux que favorisent si imprudemment leurs adversaires, comme s'il s'agissait d'un spécifique immédiat, ils ne voudraient qu'on changeât autre chose dans les codes européens — qu'une seule ligne — ayant pour but de prolonger la détention des criminels nés plus incorrigibles, et de ceux que la maladie mentale peut rendre moins odieux, mais non pour cela moins à craindre; car, qu'ils soient ou ne soient pas affectés d'infirmités, ils n'en sont pas moins dangereux à eux-mêmes, dangereux pour les descendants auxquels il peuvent transmettre la vie; et leur séquestration n'est pas plus injuste que celle des aliénés ordinaires, tout en étant assurément plus utile.

Ce que voudrait encore cette école c'est un petit nombre de réformes pratiques dans la procédure, dans le système pénitentiaire et surtout dans la police; de sorte que d'une arme plus gênante que utile, et toujours incertaine, elle devint, grâce aux nouvelles études, une arme de précision, comme l'ancien art individualisé de la guerre s'est converti en stratégie en redoublant ainsi de vigueur et d'efficacité.

2. — Si je n'ai pas abordé tout de suite l'histologie pathologique, ce n'est pas que je doute qu'elle ne doit être le point de départ d'immenses succès dans la psychiatrie.

Il est certain que dans les maladies dans lesquelles est spécialement affectée la moelle épinière et la moelle allongée, ou le système nerveux périphérique, comme les tabes dorsalis, les scléroses latérales amiotrophiques, les scléroses à plaques, les intoxications alcooliques ou pellagreuses, l'histologie nous a beaucoup enseigné, de même que dans l'épilépsie et dans la folie morale, où la fréquence de l'atrophie de la couche granulaire interne et du gigantisme du corps des cellules pyramidales paraît nous donner dans la main la clef du problème étiologique. Et de même dans les paralysies générales, et dans les démences, les recherches de Tuczek, Kæs et de Schütz nous découvrirent un procès de dégénérescence systématique de certains systèmes des fibres, les tangentielles, par ex., qui ont une grande importance dans les associations des idées; ce qui nous explique le désordre dans l'association mentale, qui dès le début frappe ces malades.

Mais, malgré cela, l'histologie pathologique en est encore à son début : voir les désillusions que nous ont procurées les études sur les atrophies variqueuses et sur la chromatolise. En effet, les altérations découvertes avec la méthode de notre illustre Golgi, consistant surtout dans l'atrophie variqueuse des prolongements protoplasmatiques, sont égales dans toutes les maladies, qu'elles soient dégénératives, infectives ou d'intoxication, ou bien dues à des causes psychiques, soit aiguës, soit chroniques, ce qui ne parle pas assurément en faveur de leur spécificité dans la pathogénèse des maladies mentales: de même la chromatolise rencontrée avec la méthode Nissl, dans un si grand nombre de maladies, a été démontrée par les récentes études faites en France et en Allemagne, comme ayant une faible valeur anatomo-pathologique, tout en ayant un grand intérêt cythologique.

L'histologie pathologique nous apprend donc dans l'étude des maladies mentales, beaucoup moins de ce que dans le crétinisme, dans la criminalité et dans la microcéphalie nous a appris l'étude du crâne et du cerveau. C'est que pour le crâne et le cerveau la méthode d'analyse était parfaite, passée au crible de l'embryologie, de l'anatomie comparée et pathologique, et de l'étude des races. Pour l'histologie pathologique du système nerveux, les bases indispensables à toute étude sont encore trop imparfaites, faute de la connaissance complète des conditions normales sur la morphologie, sur l'embryologie et l'histologie comparée, et surtout sur l'histochimie, sur laquelle on ne sait encore presque rien, pour que les recherches dans le domaine pathologique puissent donner des résultats égaux aux grandes espérances qu'on en avait conçues. C'est un engin puissant, mais dont on connaît très peu encore les rouages.

Quel est celui qui, après avoir vu les découvertes de Golgi et de Ramon y Cajal sur les prolongements des cellules cérébellaires, de type aussi différent, ne reconnaît que plus grande est la complication des tissus nerveux, plus grande est la difficulté de leur interprétation physiologique?

Malgré cela on a voulu expliquer les phénomènes hystériques et épileptiques, le sommeil, les phénomènes hypnotiques, ainsi que les obsessions et même les réactions psychomotrices automatiques, l'hypérestésie, la tachicardie des hystériques par les variations des rapports entre les prolongements nerveux d'un côté, et les prolongements protoplasmatiques et le corps cellulaire des neurones de l'autre, tandis qu'on ignore la distance qui sépare ces deux éléments, et qu'on ne sait pas davantage si elle peut varier, ni pour quelles causes et dans quelles conditions cette variation pourrait avoir lieu; on a édifié ainsi toute une théorie, non sur une base large et solide de faits, mais sur une simple hypothèse, qu'on ne peut vérifier d'aucune manière.

C'est retourner de nouveau à la vieille méthode déductive, en abandonnant la saine méthode inductive et expérimentale.

3. — On ne peut assurement comparer ces résultats avec ceux que nous ont offert les applications de la psychophysique, de la psychologie physiologique et de l'experimentation. Ce sont les recherches de Helmholtz, Mach, Vierordt, Exner, Buccola, Tanzi, sur la durée des actes psychiques, qui nous ont signalé les étranges ralentissements dans l'équation personnelle des idiots et des épileptiques; comme récemment l'étude des textes mentaux

nous donnait le degré de la mémoire et de l'activité des associations mentaux ; c'est le champimètre, qui en nous révélant certaines anomalies spéciales du champ visuel, nous a aidé dans la dia-
gnose de la folie morale, de l'épilepsie et bien souvent de l'hystérie ;
et de même les faradiréomètres nous précisent en fractions de
Volts les obtusités dans la sensibilité générale et dolorifique des
épileptiques, des alcooliques, des paralitiques et des foux moraux ;
le cinétassographe, l'ergographe et la plume électrique nous si-
gnalent leurs anomalies motoires bien avant que l'œil puisse s'en
apercevoir ; comme le plétismographe nous révèle les réactions psychiques des paranoïques et des criminels-nés, et nous en mesure
presque l'intensité. L'examen des échanges nutritifs et de la tem-
pérature nous aide à distinguer les attaques hystériques des épileptiques ; le sphygmomanomètre nous indique les rapports de la
pression du sang avec les états d'excitation et de dépression mentale ; la graphologie nous découvre, non seulement, les altérations
grossières de l'écriture chez les paralytiques, les alcooliques, les
paranoïques, mais aussi les nuances du caractère des individus normaux. C'est surtout le merveilleux compas de Weber qui est devenu
la vraie boussole pour toutes les recherches cliniques de l'aliéniste.

La directe expérimentation physiologique, combinée avec l'anatomie pathologique, nous a expliqué la pellagre, l'alcoolisme et
l'épilepsie avec toutes ses variations ; elle nous a révélé en même
temps les causes de l'acromégalie, du mixoedème, et les moyens
de les améliorer avec l'opothérapie ; comme les études expérimentales et cliniques de Ferrier, Munch, Hitzig, Luciani, Tam-
burini, Henschen, Charcot, Rosembach sur les centres corticaux,
nous ont expliqué l'aphasie, la cécité psychique et l'association
des convulsions ou des paralysies dans les maladies mentales.

4. — Mieux encore et plus sûrement, les études psychologiques des animaux et de l'homme combinées avec celles de
l'embryologie du système nerveux, nous ont révélé une merveil-

leuse unité dans le plan de l'organisation psychique de l'homme, aussi bien que des animaux et nous ont fourni le moyen d'expliquer par l'atavisme toute une série d'anomalies mentales. C'est ainsi que les anomalies les plus étranges du langage, si admirablement illustrées par Kussmaul : la cataphasie et la paraphasie, de même que beaucoup des anomalies de l'écriture, reçoivent une claire explication du langage et de l'écriture des enfants et des sauvages.

Et le symbolisme, le plus étrange phénomène, sans doute, de la paranoie, trouve une facile explication dans les coutûmes des peuples primitifs, de s'exprimer d'abord avec des symboles, qu'ils finissent par transformer en idoles; grâce à l'arrêt idéo-moteur des divers actes psychiques (Ferrero), qui est le propre des faibles et des dégénérés.

Le tatouage n'est-il pas produit par les mêmes causes psy-chologiques, aussi bien chez le sauvage que chez le normal moderne, et surtout dans le criminel; voir l'imitation, la paresse, la vanité, l'esprit de corps et de secte, les passions érotiques et religieuses, et surtout l'insensibilité dolorifique?

D'autre part, les idées délirantes des paranoïques reproduisent bien souvent, comme, avec une admirable intuition le pressentait Meynert, beaucoup des sentiments normaux chez les sauvages et chez les enfants (personnification, par ex., et adoration des choses inanimées, artifices diaboliques), de même que le néo-logisme correspond, dans la forme et dans l'origine, aux créa-tions des langues primitives (Tanzi). Ces analogies trouvent leur explication immédiate dans la dissolution et la désinté-gration que les maladies, souvent dès les débuts de la vie, déterminent dans les fonctions qui sont les dernières venues dans l'ontogénie psychique, en faisant ripulluler de la sorte, les vieilles couches mentales tombées en desuétude.

On peut en dire autant de la folie morale et de la criminalité-née; elles aussi, comme le génie, rameaux d'un même tronc, dérivent de la dégénérescence épileptoïde en passant bien souvent, par l'atavisme.

C'est ainsi que les excès féroces de canibalisme et d'hérotisme, l'agilité exagérée, la disvulnérabilité, le mancinisme, l'ambidestrisme, la sensibilité météorique, la précocité, l'insensibilité morale, l'énorme émotivité, l'instabilité, la vanité, la cruauté, l'impulsivité, les sentiments de vengeance des criminels-nés, des fous moraux et des épileptiques trouvent parallèlement à tant de caractères somatiques, spécialement du cerveau et du crâne, leur explication et leur fusion dans l'atavisme.

Assurément quelques caractères sont à la fois ataviques et morbides, comme la microcéphalie, la sclérose crânienne, la hernie, la ride (Singes et Hottentots); mais c'est parce que la maladie, en frappant dans l'embrion un organe encore en voie de formation, en arrête le développement et fait renaître des formes antérieures, en provoquant des régressions morphologiques ataviques. C'est ainsi que si nous refroidissons les racines du chêne de manière à le frapper presque de mort, il donnera, l'année suivante, des feuilles semblables à celles de l'époque tertiaire (Wagner).

Ni l'arrêt partiel de développement exclue l'hypertrophie dans d'autres directions. C'est ainsi qu'en même temps qu'à des faits ataviques, nous trouvons dans l'épileptiques bien souvent la néophilie, l'énergie musculaire et jusqu'à l'acuité du génie qui à son tour est compensée par l'absence de sens moral.

Cela nous amène à ce phénomène qui paraît le plus en contraste avec l'atavisme : au génie, qui a pourtant une de ses principales racines dans l'épilepsie, comme le prouve la dérivation de parents alcooliques, ou aliénés; la précocité vénérienne et sexuelle, la double personnalité, les anomalies du champ visuel, l'obtusité tactile, les fobies, la fréquence des délires, l'insensibilité affective et morale qui font, des modernes conquérants, des brigands en gants jaunes; les vertiges, les hallucinations, les convulsions, l'impulsivité jusqu'à l'*ira-*

cundia morbosa, le type graphologique, les distractions qui vont jusqu'à l'absence, et surtout l'instantaneité, l'intermittence, l'inconscience et l'amnésie de l'inspiration.

On ne s'étonnera plus qu'une forme aussi avancée et aussi éloignée de l'atavisme, comme le génie, ait des points de contact avec la dégénérescence épileptoïde, quand on se rappellera que dans la nature il n'existe aucun grand progrès qui ne soit associé à une grande régression ; d'autant plus quand il s'agit de cette énergie que la nature protège le moins de toutes, l'énergie de la pensée, si bien que dans l'échelle animale les excès en sont punis par la stérilité.

5. — Mais abordons maintenant les autres invasions plus récentes et plus hardies dans le domaine de la psychologie.

On sait comment le progrès des sciences exactes a désormais complètement rejeté l'hypothèse de forces et d'énergies indépendantes de la matière ; et comment elles sont maintenant considérées commes des effets de ses modifications moléculaires. Mais lorsqu'on veut étendre cette conclusion à la force psychique, trop grande apparaît la distance entre ses sublimes manifestations et les grossières connaissances des fonctions du système nerveux ; et l'esprit se refuse à l'admettre.

Il est bien vrai que de délicats instruments ont mesuré la vitesse de la pensée et en ont montré les retards dans l'enfant, dans la femme, dans le fou ; qu'ils ont signalé les déplacements hydrauliques et le degré de chaleur, ou mieux de froid, que la pensée provoque dans les centres nerveux ; et que maintenant la cellule nerveuse, grâce au travaux de Golgi, Ramon y Cajal, Van-Gehuchten, Marinesco, Déjérine, Lenhossek, est devenue un vrai organe, nouveau, qui a sa manière spéciale et visible de réagir aux stimulations externes et psychiques ; et dont les prolongements nerveux sont contigus sans être anastomosés avec les prolongements protoplasmatiques d'autres névrones, ce qui nous ouvre tout un horizon nouveau dans les domaines psychologiques. Mais, malgré cela, il restait encore un abîme insondé dans le champ de l'idée et du sentiment. Ce fut la psychiatrie, qui, malgré l'enchevêtrement des phénomènes psychiques, nous les montra isolés et agrandis dans certaines conditions de l'existence, bien mieux que ne le pût le meilleur microscope avec les tissus, et nous mit dans les mains, si non la solution du problème, certainement un moyen pour nous en approcher.

Le premier pas fut le parallélisme qu'elle nous montra exister entre le phénomène de l'idéation, le plus élevé et le plus éloigné du contrôle et des contacts de la matière, et le phénomène plus humble et plus contrôlable de la sensation.

Tout le monde connaît, par exemple, le phénomène de la persistance des impressions sensorielles trop violentes ou trop prolongées, qui se manifestent encore longtemps après la cessation de la cause qui les a produites. Celui qui a fixé un instant les rayons du soleil, en conserve l'image subjective pendant plusieurs minutes. Ainsi chantait le poëte de Pescia :

> Così tornata alla solinga stanza
> La vaga giovinetta...
> Il rumor della festa e l'esultanza
> Le romba intorno, ancor, per l'aria muta :
> E il senso impresso de' cari sembianti
> E de' lumi e de' vortici festanti
> In faticosa vision si muta » (1).

Or, cette loi de la durée des impressions trop violentes ou trop prolongées se répète également dans le champ intellectuel des aliénés.

C'est ainsi qu'un de mes malades, devenu fou à la suite

_____

(1) « Ainsi lorsque rentrée dans sa chambre solitaire, la belle jeune fille entend encore dans l'air muet le bruit et l'allegresse de la fête; et l'esprit rempli des chères images, des lumières et des joyeux tourbillons, se change en pénible vision ».

d'une frayeur provoquée par une explosion instantanée de poudre, croyait dans son délire, d'être encore au milieu des flammes.

Une aliénée voyait s'approcher d'elle un grand nombre de gens masqués ; elle avait été frappée subitement de folie au milieu d'un bal.

Un soldat fut blessé à un œil dans une rixe ; il guérit : mais depuis il voyait toujours devant ses yeux son meurtrier et en entendait les menaces.

Une autre analogie, plus importante, et d'une égale évidence, est celle qui reproduit dans le champ des idées la loi des couleurs complémentaires, ou de contraste. C'est ainsi que lorsque la rétine a été trop longtemps excitée par la couleur rouge, elle donne aux centres la sensation de la couleur verte, qui est sa couleur complémentaire.

Or, c'est d'une loi analogue que partent une série de phénomènes phrénopatiques, qui, vus isolément ne paraissaient tout d'abord qu'une inexplicable bizarrerie. En voici des exemples :

Christine P. perd sa mère à laquelle elle était très affectionnée ; elle tombe frappée de stupeur et reste plusieurs mois plongée dans cette intense douleur ; lorsque tout à coup elle est envahie d'une étrange gaité et court à travers les chambres en criant qu'elle à retrouvé sa mère, qu'elle est heureuse, etc.

D. devient fou de douleur à la suite de la mort de son unique enfant ; après quatre mois sa triste mélancolie se transforme tout à coup en un gai délire « son fils est vivant et puissant, tous les passants lui en apportent des émanations ».

Un pauvre malheureux d'Alvergna qu'une longue faim fit tomber en folie se croyait à une table servie des meilleurs mets et faisait continuellement les mouvements de déglutition et de dégustation des mets exquis.

Pour ceux qui croiraient ces faits étroitement limités au champ de la pathologie, il suffira de citer le cas fréquent du contraste psychique qu'offrent les songes, dans lesquels le

jeune homme obéré devient tout-à-coup millionnaire et l'amou-
reux affligé trouve sa plus grande consolation ; phénomènes qui
reproduisent en une seconde ce qui se produit pendant des
années chez les aliénés et que l'on peut provoquer expéri-
mentalement chez les hypnotiques.

Ces phénomènes ce rattachent à ce fait observé par plusieurs
philologues, mais regardé comme un accident bizarre, que dans
les langues, surtout dans les langues anciennes beaucoup de
paroles renferment un sens absolument contraire, comme per
exemple :

En sanscrit :

Siti, blanc et noir ;

Uttana, haut et bas ;

Skatt, mépriser et vanter.

En bucarai :

Germa, chaud ; et *Gelma*, froid.

Le même fait se reproduit dans le domaine du sentiment.
Si on suggère, par exemple, à l'hypnotisé un sentiment gaie
et bienveillant, comme d'assister à un bal, ou de rencontrer
un ami ; on peut, avec un aimant ou avec le doigt sur la nuque,
transformer rapidement la suggestion gaie en une suggestion
opposée, comme de qui voit un ennemi ou est spectateur d'une
rixe féroce et sanglante.

Ces faits prouvent : que dans le procès de l'idéation, dans
la cellule corticale qui pense, a lieu un mouvement parfaitement
analogue à celui qui se manifeste dans les expansions terminales
rétiniennes et acoustiques.

Provoquez une longue et très vive impression dans un sens
et elle tendra à s'y éternisr : procurez une impression trop éner-
gique ou trop prolongée à l'esprit, et la folie vous en montrera
fixée l'impression. Provoquez une impression nouvelle et trop
forte dans la rétine, et les cônes qui en sont frappés, paralysés
instantanément, laissent fonctionner les cônes à fonctions com-

plémentaires, jusqu'à la réintégration de l'équilibre. Un pareil phénomène se répète dans les émotions, dans la folie et dans les langues. En somme, dans ces deux cas, dans les couches corticales où s'élabore la psyche, on a un phénomène analogue à celui qu'une sûre expérience a révélé au physiologiste se former dans les fibres terminales des nerfs sensoriels.

Ici, donc, la psychiatrie nous conduisit bien plus loin que l'anatomie pathologique; elle nous accompagne jusqu'à cet extrême mouvement qui fait osciller la pensée dans la cellule corticale et nous le montre analogue au mouvement sensoriel.

Ces faits ne sont pas isolées: L'idée est, p. ex., réellement une image en miniature de l'objet qui a éveillé en nous la sensation; mais quand nous sommes éveillés, cette image, grâce à la prépondérance plus grande des phénomènes sensoriels qui se heurtent et se chevauchent avec bien plus d'intensité devant nous, est tellement pâle que nous ne pouvons en fixer la nature. Mais dès que ces phénomènes cessent, comme dans le sommeil, dans l'hallucination du monomane ou de l'hypnotisé; l'idée redevient ce qu'elle était en avant: — une image:

> « E tanto da uno in altro vaneggiai
> Che gli occhi per vaghezza ricopersi
> E il pensamento in sogno trasmutai » (1).
>
> DANTE.

C'est une chose commune et qui m'arriva plusieures fois à moi-même de voir se transformer aux premiers moments du sommeil une idée en sensation.

La grande difficulté avec laquelle nous acceptons, nous percevons les sensations nouvelles en nous aidant toujours des sensations anciennes, rejetant avec effroi, celles qui manquent de précedents, nous était déjà vaguement fait présentir par le langage enfantin et par quelques anciennes étymologies (éléphant

---

(1) « J'extravagais tellement de l'une à l'autre que je me couvris les yeux par plaisir et transformais ma pensée en songe ».

qui correspond à *bœuf avec les dents* en phénicien ; cheval qui correspond à *grand chien*, en chinois ; écurie de chevaux correspondant en sanscrit à *écurie de bœufs-de-chevaux;* paire de chiens ou de chevaux qui correspond en sanscrit à *paire de bœufs-de-chiens ou de chevaux*) ; ainsi que par les persécutions auxquelles sont toujours en butte les inventeurs. Elle se trouve maintenant admirablement démontrée par ce qui se produit dans les aliénés. J'ai connu, par exemple, une femme hystérique, qui, lorsqu'elle sortait de chez elle, restait tellement impressionnée par la première personne qu'elle rencontrait que son image se substituait à celle de toutes les personnes qu'elle voyait en suite: la confusion devenait encore plus complète et se transformait en supplice quand la seconde personne lui était absolument inconnue: lorsqu'elle devait se rendre dans un lieu nouveau, elle en éprouvait un tel effroi de la pousser au suicide. J'ai compris, de ce fait, que l'homme, eternellement conservateur, serait incapable d'aucun progrès si des circonstances extraordinaires ne l'aidaient à surmonter la douleur de l'innovation.

6. — Mais, c'est dans l'étude de l'hypnotisme et de l'hystérisme que les phénomènes psychiques, démesurément agrandis, dévoilent, le mieux, leur mystère, parce que pour la première fois, on a pu y pénétrer avec le puissant mécanisme de l'expérimentation auquel ils semblaient le plus échapper.

Celui qui a vu une victime de la suggestion hypnotique, peut se faire une idée exacte des limites de la volonté humaine ; et celui qui n'est pas convaincu par la hardie hypothèse de Sergi sur la stratification du caractère dans les peuples, la trouve en peu d'instants vérifiée dans l'hypnotisé, dans lequel il peut, pour la première fois, l'expérience à la main, séparer, supprimer et même redoubler le phénomène plus humain, plus spirituel de tous, celui de la personnalité.

Mais, il y a mieux que cela. On sait comment dans quelques personnes très sensibles on peut provoquer une image n'existant pas, une vraie hallucination ; or, celle-ci est autant analogue à la sensation qu'on réussit à la modifier à volonté avec les *lentilles* ou par l'application de quelques corps, spécialement de l'aimant.

Ces faits, bien qu'ils éveillent en nous une défiance raisonnée, bien plus, il est vrai, par leur rareté et leur étrangeté que pour le peu d'autorité des observateurs, n'ont pas seulement une grande importance, parce qu'ils nous aident à soulager une des maladies plus cruelles de notre race: l'hystérie ; mais aussi parce qu'ils nous indiquent, comme de lointaines pierres milliaires, plus clairement encore de toute expérience physiologique, ou de toute observation morphologique, que la pensée est liée aux lois du mouvement moléculaire.

Il me semble, en effet, évident, que l'unique hypothèse, apte à nous expliquer une influence psychique des substances étrangères à l'organisme, spécialement à distance, soit celle-ci : qu'en force du mouvement moléculaire que possèdent ces corps, chacun en particulier, ils parviennent à provoquer plus ou moins directement dans le cerveau une espèce de polarisation de ses unités moléculaires. Or, n'est-il pas évident que si beaucoup des phénomènes psychiques et des phénomènes vitaux nous sont inexplicables, c'est parce que nous n'en cherchons pas l'interprétation dans les lois plus simples, dans celles du mouvement?

Et ce phénomène, qui de tous paraît le plus absurde, la *suggestion à distance*, ne deviendrait-il pas alors plus compréhensible; et ne comprendrions-nous pas aussi, pourquoi beaucoup de mouvements volitifs, très compliqués, peuvent être considérés comme des mouvements réflexes? et comment le phénomène le plus intellectif, le langage, rentrant dans cette catégorie par ses interjections, ses onomatopées (vrais phénomènes réflexes) et ses automatismes, devient plus explicable qu'il ne l'était auparavant?

7. — Mais ici je m'arrête, car l'immensité même des horizons qui s'ouvrent devant moi m'épouvante bien plus que ne m'attire. Et j'entends déjà murmurer par des hommes dignes de respect, qu'en continuant dans cette voie, on tombe dans l'absurde, dans le paradoxe, et peut être dans l'immoralité...

Mais, avant tout, je déclare que les faits scientifiques ne peuvent être ni moraux, ni immoraux: ce sont des faits contre lesquels doit s'émousser l'opinion même la plus vénérable. Et si un soupçon pût jamais être formulé, c'est bien plutôt contre les efforts violents pour étouffer toute nouvelle tentative, qui consumèrent, hélas! tant de nobles vies de penseurs.

J'ajouterai, que beaucoup de vérités, justement comme telles, inspirent de la répugnance, et sont pour cela combattues. Cela paraîtra un paradoxe, et cependant c'est un fait certain, car non seulement la vulgarité, mais encore le faux dominent plus souvent dans le monde que le vrai et le grand. De la salutation matinale par laquelle nous supposons malade l'homme plus sain de ce monde, à la confortation hygiénique qui présume un grave péril dans une inoffensive contraction du diaphragme, jusqu'à l'adoration pour les livres classiques, seulement parce qu'ils sont anciens, combien de fois n'en touchons nous pas la preuve de la main!

Qui aurait osé soutenir, il y a quelques années, que l'analyse grammaticale était le plus stérile des exercices? Que l'étude des langues, moyen sublime pour la recherche du vrai, est pour les masses, pour les écoles, pour les jeunes gens, presque toujours une inutile dépense de fatigue mentale qui ne perfectionne en rien leur raisonnement, ni ne multiplie les idées, puisqu'elles ne font que les répéter sur des tons différents.

C'est ainsi que s'est formé un amas tel d'erreurs, qu'il est bien plus juste de dire que nous vivons dans le faux, pour le faux, avec le faux; et que le vrai ne se rencontre que par exception dans le monde.

De la fatale domination du faux, il est facile d'en comprendre la cause. La masse des hommes, *fruges consumere nata*, n'est pas née pour la recherche, mais bien au contraire pour s'y opposer, car tendant à l'immobilité elle souffre de toute nouvelle stimulation qu'on lui impose; et, esclave des habitudes, elle l'est encore plus du son des paroles, auquel elle sacrifie souvent l'idée. Ajoutons à cela que très souvent le bon sens, lui-même, s'oppose à la découverte de la vérité, parce qu'il redoute les sentiers nouveaux, et les vérités nouvelles ne se rencontrent pas sur les routes battues.

Ces reserves faites, inclinons-nous devant les vénérables représentants de la tradition antique, dont le respect nous est imposé par l'amour même pour nos convictions, et par le fait que la science d'hier est devenu l'erreur d'aujourd'hui, de sorte que trop facilement la découverte d'aujourd'hui pourrait bien être l'erreur de demain. Le respect du passé nous est donc dicté par la connaissance de nos erreurs et de celle de la nature humaine, laquelle, comme tout ce qui est dans la nature, ne procède que par lentes évolutions, en nous présentant l'image d'un édifice dont le faite se renouvelle incessamment sur les débris écroulés des degrés inférieurs.

Que ce sacrifice, en apparence inutile, de nos forces et de nos fatigues ne nous décourage pas; car, de l'humble éphémère qui meurt en donnant la vie à sa progéniture, jusqu'à ces génies, qui périrent, martyres d'une grande idée, tel est le destin de tous les créateurs. Et ce n'est que par le sacrifice et la souffrance que s'accomplissent les grandes évolutions.

Turin — Impr. Camilla et Bertolero de N. Bertolero.

BIBLIOTECA ANTROPOLOGICO-GIURIDICA

Serie 1ª.

Vol. 1° LOMBROSO. **L'uomo delinquente** in rapporto all'antropologia, alla giurisprudenza ed alle discipline carcerarie. Vol. I, 5ª edizione (definitiva). (I volumi non si vendono separatamente). L'opera completa in 3 volumi e atlante di oltre 100 tavole . . . L. 50 —

» 2° GAROFALO R. **Criminologia.** Studio sul delitto, sulle sue cause e sui mezzi di repressione. — Torino, 1891, 2ª ediz. . . . . . » 12 —

» 3° MARRO. **Caratteri dei delinquenti.** — Torino, 1887 . . . . » 16 —

» 4° LOMBROSO. **L'uomo di genio.** — Torino, 1894, 6ª ediz.. . . . » 16 —

» 5° BALESTRINI. **Aborto, infanticidio ed esposizione di infante.** — Torino, 1888 . . . . » 8 —

» 6° **Appunti al nuovo Codice penale.** — Torino, 1888, 2ª edizione » 7 —

» 7° LOMBROSO. **L'uomo delinquente.** Vol. II, 5ª edizione (definitiva). (I volumi non si vendono separatamente). L'opera completa in 3 volumi e atlante di oltre 100 tavole . . . . » 50 —

» 8° GAROFALO e CARELLI. **Riforma della procedura penale** . . » 7 —

» 9° LOMBROSO e LASCHI. **Il delitto politico e le rivoluzioni** in rapporto al diritto, all'antropologia ed alla scienza di governo » 14 —

» 10° TONNINI. **Le epilessie.** — 1890, con 6 tav. e molte fig. nel testo » 7 —

» 11° D'AGUANNO. **Genesi ed evoluzione del diritto civile.** — 1890 » 12 —

» 12° LOMBROSO. **Palimsesti del carcere.** — Torino, 1891 . . . » 8 50

» 13° VENTURI. **Le degenerazioni psico-sessuali** nella vita degli individui e nella storia delle società. — Torino, 1892 . . . . » 12 —

» 14° FERRI. **Sociologia criminale.** — 1892 . . . . » 15 —

» 15° ZERBOGLIO. **L'alcoolismo.** — 1892 . . . . » 6 50

» 16° FERRI. **L'omicidio-suicidio.** — esaurito. Vedi 2ª serie.

» 17° FRASSATI. **Lo sperimentalismo nel diritto penale.** — 1892 . » 6 50

» 18° LOMBROSO. **Le più recenti scoperte ed applicazioni** della psichiatria ed antropologia criminale. — Torino, 1893. . . . . . . » 10 —

» 19° VACCARO. **Le basi del diritto e dello stato** . . . . . . » 10 —

» 20° BRANCALEONE-RIBAUDO. **Studio antropologico sul militare delinquente.** — Con numerose tavole. . . . . » 6 —

» 21° FORNASARI. **La criminalità e le vicende economiche d'Italia dal 1873 al 1890.** — Torino, 1894 . . . . » 6 —

» 22° MINGAZZINI. **Il cervello in relazione con i fenomeni psichici.** — 1895. Con introduzione del prof. G. SERGI e 43 figure . . » 6 —

» 23° FERRI E. **L'omicidio nell'antropologia criminale.** — Con atl. » 30 —

» 24° LOMBROSO. **L'uomo delinquente.** Vol. III e atlante (I volumi non si vendono separatamente). L'opera completa in 3 volumi e atlante di oltre 100 tavole . . . . » 50 —

» 25° CAVAGLIERI e FLORIAN. **I vagabondi.** — 1897 . . . . . . » 10 —

» 26° MARRO. **La pubertà nell'uomo e nella donna.** — 1898, con figure e tavole . . . . » 10 —

Serie 2ª.

Vol. 1° PUGLIA FERDINANDO. **Prolegomeni allo studio del diritto repressivo.** — Torino, 1889 . . . . L. 2 50

» 2° FERRI ENRICO. **Socialismo e criminalità.** Appunti. — (Esaurito) In preparazione la 2ª edizione.

» 3° SETTI AUGUSTO. **La forza irresistibile.** Studio. — Torino, 1884 » 2 —

» 4° FERRI ENRICO. **L'omicidio-suicidio.** Responsabilità giuridica. — Torino, 1895, 4ª ediz. . . . . » 5 —

www.ingramcontent.com/pod-product-compliance
Lightning Source LLC
Chambersburg PA
CBHW060717280326
41933CB00012B/2470

* 9 7 8 2 0 1 2 8 1 6 2 4 4 *